大方廣佛華嚴經 寫經

66

🪷 일러두기

1. 『사경본 한글역 대방광불화엄경』은 『독송본 한문·한글역 대방광불화엄경』에 수록된 한글역을 사경 하는 데 편의를 도모하기 위해 편집을 달리하여 간행한 것이다.

2. 『독송본 한문·한글역 대방광불화엄경』은 실차난타가 한역(695~699)한 80권 『대방광불화엄경』의 한문 원문과 한글역을 함께 수록한 것이다. 한문 저본은 고종 2년(1865) 월정사에서 인경한 고려대 장경 『대방광불화엄경』이다.

3. 한글 번역은 동국역경원에서 발간한 한글 『대방광불화엄경』(운허)을 중심으로 하고 『신화엄경합론』 (탄허)과 『대방광불화엄경 강설』(여천무비) 그리고 최근의 여타 번역본 등을 참조하였다.

4. 한글 번역은 독송과 사경을 위하여 정확성과 아울러 가독성을 고려하였다. 극존칭은 부처님과 불경 계에 대해서만 사용하였다.

5. 사경본의 차례는 일러두기 → 한글역 본문 → 화엄경 목차 → 간행사이며 80권 『대방광불화엄경』의 권별 목차 순으로 독송본과 함께 간행한다. (법공양판에는 간행사 다음에 간행불사 동참자를 밝혀 두었다.)

사경본 한글역

대방광불화엄경 제66권

39. 입법계품 [7]

수미해주

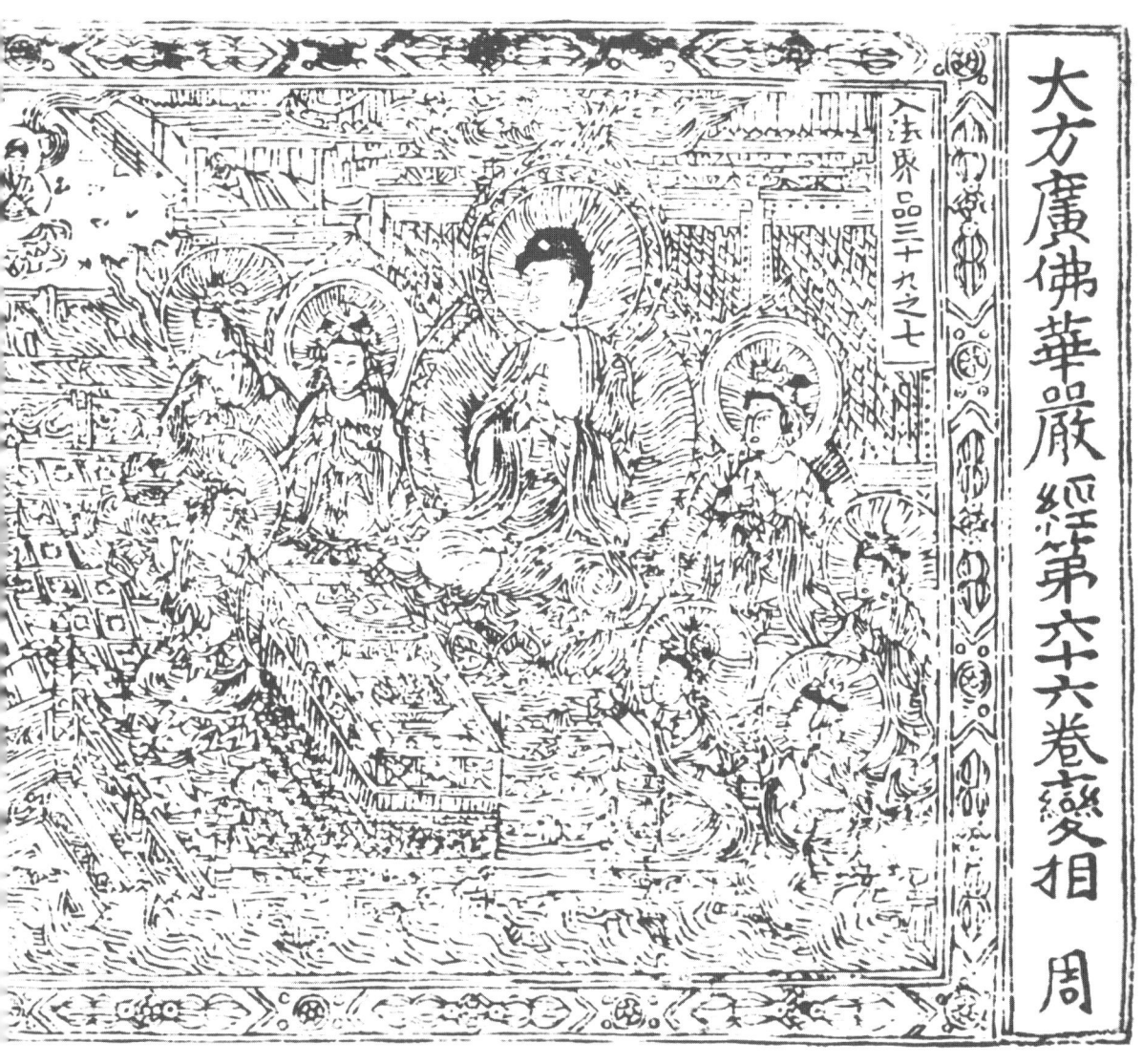

大方廣佛華嚴經第六十六卷變相 周

대방광불화엄경 제66권 변상도

대방광불화엄경
제66권

39. 입법계품 [7]

_____ 은(는) 『대방광불화엄경』을

사경하는 인연공덕으로

『화엄경』이 널리 유통되고

우리 모두 다함께 보리 이루기를 발원하옵니다.

대방광불화엄경
제66권

39. 입법계품 [7]

그때에 선재 동자가 명지 거사의 처소에서 이 해탈문을 듣고는 저 복덕의 바다에서 헤엄치며, 저 복덕의 밭을 다스리며, 저 복덕의 산을 우러러보며, 저 복덕의 나루에 나아가며, 저 복덕의 창고를 열며, 저 복덕의 법을 보며, 저 복덕의 바퀴를 깨끗이 하며, 저 복덕의 더미를 맛보며, 저 복덕의 힘을 내며, 저 복덕의 세력을 늘리며 점차 나아갔다.

사자성을 향하여 법보계 장자를 두루 찾다가, 그 장자가 시장 가운데 있음을 보고 급히 곧 나아가 그 발에 정례하고 수없이 돌며 합장하고 서서 여쭈었다.

"성자시여, 저는 이미 먼저 아뇩다라삼먁삼보리심을 내었습니다. 그러나 보살이 어떻게 보살행을 배우며 어떻게 보살도를 닦는지를 알지 못합니다.

훌륭하신 성자시여, 원하오니 저를 위하여 모든 보살도를 말씀해 주십시오. 저는 그 도를 타고 일체지에 나아가겠습니다."

그때에 장자가 선재의 손을 잡고 곧 거처하는 데로 가서 그 집을 보이며 이와 같이 말하였다.

"선남자여, 우선 나의 집을 보십시오."

그때에 선재가 그 집을 보니 청정한 광명의 진금으로 이루어졌다. 흰은으로 담이 되고, 파려로 전각이 되며, 검푸른 유리 보배로 누각이 되고, 자거의 미묘한 보배로 그 기둥이 되며, 백천 가지 보배로 두루 장엄하였다. 적진주 마니로 사자좌가 되며, 마니로 휘장이 되고, 진주로 그물이 되어 그 위를 가득 덮었다. 마노 보배 못에는 향수가 가득 차고, 한량없는 보배 나무가 두루 줄지어 있었다.

그 집이 넓고 넓어서 10층으로 여덟 문이었다. 선재가 들어가서 차례로 관찰하였다.

맨 아래층에서는 모든 음식을 보시하는 것을 보고, 제2층에서는 모든 보배 옷을 보시하는 것을 보고, 제3층에서는 일체 보배 장엄거리를 보시하는 것을 보았다.

제4층에서는 모든 채녀와 아울러 일체 상품의 미묘하고 진귀한 보배를 보시하는 것을 보았다. 제5층에서는 5지에 이른 보살들이 운집해서

모든 법을 연설하여 세간을 이익하
게 하며, 일체 다라니문과 모든 삼매
의 도장과 모든 삼매의 행과 지혜의
광명을 성취하는 것을 보았다.

제6층에서는 모든 보살들이 매우
깊은 지혜를 모두 이미 성취하여 모
든 법의 성품을 명료하게 통달하고,
광대한 총지와 삼매의 장애 없는 문
을 성취하여 행하는 바가 걸림 없어
서 두 법에 머무르지 아니하고, 말할
수 없는 미묘하게 장엄한 도량 중에
함께 모여 반야바라밀문을 분별하여

나타내 보임을 보았다.

이른바 고요한 창고 반야바라밀문
과, 모든 중생들의 지혜를 잘 분별하
는 반야바라밀문과, 흔들 수 없는 반
야바라밀문과, 욕심을 여읜 광명 반
야바라밀문과, 항복시킬 수 없는 창
고 반야바라밀문이다.

중생을 비추는 바퀴 반야바라밀문
과, 바다 창고 반야바라밀문과, 넓은
눈으로 버리는 반야바라밀문과, 다
함없는 창고에 들어가는 반야바라밀
문과, 일체 방편바다 반야바라밀문

이다.

일체 세간바다에 들어가는 반야바라밀문과, 걸림 없는 변재 반야바라밀문과, 중생을 따라 주는 반야바라밀문과, 걸림 없는 광명 반야바라밀문과, 숙세의 인연을 항상 살펴서 법의 구름을 펴는 반야바라밀문이다. 이와 같은 등 백만 아승지 반야바라밀문을 설하였다.

제7층에서는 모든 보살들이 있어 메아리 같은 지혜를 얻고 방편 지혜로 분별하고 관찰하여 벗어남을 얻어서 모두 능히 모든 부처님의 바른 법을 듣고 지님을 보았다.

제8층에서는 한량없는 보살들이 그 안에 함께 모였는데 다 신통을 얻고 물러남이 없으며, 능히 한 음성으로 시방세계에 두루하고, 그 몸이 일체 도량에 널리 나타나 온 법계에 두루하지 않음이 없으며, 부처님 경계에 널리 들어가서 널리 부처님 몸을 보며, 널리 일체 부처님의 대중모임 가운데 상수가 되어 법을 연설함을 보았다.

제9층에서는 마지막 한 생의 모든 보살 대중들이 그 가운데 모였음을 보았다.

제10층에서는 일체 여래께서 그 가운데 충만하시었는데, 처음 발심하심으로부터 보살행을 닦아 생사를 초월하여 큰 서원과 신통력을 원만히 이루어 부처님의 국토를 깨끗이 하고 도량에 모인 대중들에게 바른 법륜을 굴리어 중생들을 조복하심을 보았다. 이와 같은 일체를 모두 분명히 보게 하였다.

이때에 선재가 이 일을 보고는 여쭈었다.

"성자시여, 무슨 인연으로 이 청정한 대중모임이 이르렀으며, 무슨 선근을 심어서 이와 같은 과보를 얻었습니까?"

장자가 일러 말하였다.

"선남자여, 내가 생각하니, 과거에 부처님 세계 미진수의 겁을 지나서 세계가 있었으니 이름이 '원만장엄'이고, 부처님 명호는 '무변광명법계보장엄왕'이시며, 여래응정등각 십호가 원만하셨습니다.

그 부처님께서 성에 들어오심에 내가 음악을 연주하며 아울러 한 개의 향을 살라서 공양올렸고, 이 공덕으로 세 곳에 회향하니 말하자면 일체 빈궁과 곤고함을 영원히 여의며, 모든 부처님과 선지식을 항상 친견하며, 바른 법을 항상 들음이라, 그러므로 이 과보를 얻었습니다.

선남자여, 나는 오직 이 보살의 한량없는 복덕 보배 창고 해탈문만 압

니다. 저 모든 보살마하살들은 부사
의한 공덕의 보배 창고를 얻으며, 분
별없는 여래의 몸바다에 들어가며,
분별없는 위없는 법구름을 받으며,
분별없는 공덕의 도구를 닦으며, 분
별없는 보현행의 그물을 일으키며,
분별없는 삼매의 경계에 들어갑니
다.

분별없는 보살의 선근과 평등하며,
분별없는 여래의 머무르시는 데 머무
르며, 분별없는 삼세가 평등함을 증
득하며, 분별없는 넓은 눈의 경계에

머무르며, 일체 겁에 머무르되 피로
해하거나 싫어함이 없습니다. 그러
나 내가 어떻게 그 공덕의 행을 능히
알며 능히 말하겠습니까?

선남자여, 여기서 남방에 한 국토
가 있으니 이름이 등근이고, 그 국토
에 성이 있으니 이름이 보문이며, 그
중에 장자가 있으니 이름이 보안입
니다. 그대는 그에게 가서 '보살이
어떻게 보살행을 배우며 보살도를
닦습니까?'라고 물으십시오."

그때에 선재 동자가 그 발에 정례하며 수없이 돌고 은근히 우러러보며 하직하고 떠났다.

그때에 선재 동자가 법보계 장자의 처소에서 이 해탈문을 듣고는 모든 부처님의 한량없는 지견에 깊이 들어가며, 보살의 한량없는 수승한 행에 편안히 머무르며, 보살의 한량없는 방편을 요달하며, 보살의 한량없는 법문을 희구하였다.

보살의 한량없는 믿음과 이해를 청정하게 하며, 보살의 한량없는 모든 근을 밝고 예리하게 하며, 보살의 한량없는 욕락을 성취하며, 보살의 한량없는 행의 문을 통달하였다.

보살의 한량없는 서원의 힘을 늘리며, 보살의 능히 이김이 없는 깃대를 세우며, 보살의 지혜를 일으켜 보살의 법을 비추며, 점차 가다가 등근국에 이르러서 그 성이 있는 곳을 물으며 찾았다.

비록 어려움을 겪으나 노고를 꺼리

지 아니하고 다만 오직 선지식의 가
르침을 바르게 생각하여 항상 친근
하고 받들어 섬기고 공양하기를 원
하며, 모든 근을 두루 채찍질하여 온
갖 방일함을 여의었다.

그런 뒤에 이에 보문성을 보았는데
백천 마을이 두루 둘러싸고 성 위의
담이 높고 도로가 넓고 평평하였다.

그 장자를 보고, 그곳에 나아가 앞
에서 정례하며 합장하고 서서 여쭈
었다.

"성자시여, 저는 이미 먼저 아뇩다

라삼먁삼보리심을 내었습니다. 그러나 보살이 어떻게 보살행을 배우며 어떻게 보살도를 닦는지를 알지 못합니다."

장자가 일러 말하였다.

"훌륭하고, 훌륭합니다. 선남자여, 그대가 이미 능히 아뇩다라삼먁삼보리심을 내었습니다.

선남자여, 나는 일체 중생의 모든 병을 압니다. 풍병과 황달병과 해소병과 열병과 귀신에 홀린 병과 벌레의 독과 내지 물과 불에 상해를 입은, 이와 같은 일체 생기는 모든 병을 내가 모두 능히 방편으로 치료합니다.

선남자여, 시방의 중생들로서 모든 병이 있는 자들이 모두 나의 처소로 오면 내가 다 치료하여 그들이 쾌차함을 얻게 하며, 다시 향탕으로 그 몸을 목욕시켜서 향과 꽃과 영락과 이름난 옷과 상품의 의복으로 갖가지로 장엄하고, 모든 음식과 그리고 재물과 보배를 보시하여 모두 충족하고 부족한 것이 없게 합니다.

그런 뒤에 각기 알맞은 대로 법을 설합니다. 탐욕이 많은 자를 위하여 부정관을 가르치며, 성냄이 많은 자에게 자비관을 가르치며, 어리석음이 많은 자에게 그가 갖가지 법의 모양을 분별하도록 가르치며, 동등하게 나누어 행하는 자에게 그를 위해 수승한 법문을 나타내 보입니다.

그가 보리심을 내게 하려고 일체 모든 부처님의 공덕을 칭찬하며, 그가 대비의 뜻을 일으키게 하려고 생사의 한량없는 고뇌를 나타내 보이며, 그가 공덕을 늘리게 하려고 한량없는 복과 지혜를 닦아 모음을 찬탄하며, 그가 큰 서원을 내게 하려고 일체 중생을 조복함을 칭찬합니다.

그가 보현의 행을 닦게 하려고 모든 보살들이 일체 세계에서 일체 겁에 머무르며 모든 행의 그물 닦음을 설합니다.

그가 부처님의 상호를 갖추게 하려고 단바라밀을 칭찬하며, 그가 부처님의 깨끗한 몸을 얻어 모두 능히 일체 처에 두루 이르게 하려는 까닭으로 시바라밀을 칭찬합니다.

그가 부처님의 청정하고 부사의한 몸을 얻게 하려고 인바라밀을 칭찬하며, 그가 여래의 이길 수 없는 몸을 얻게 하려고 정진바라밀을 칭찬합니다.

그가 청정하고 더불어 같음이 없는 몸을 얻게 하려고 선바라밀을 칭찬하며, 그가 여래의 청정한 법신을 드러내게 하려고 반야바라밀을 칭찬합니다.

그가 부처님 세존의 청정한 색신을 나타내게 하려고 방편바라밀을 칭찬하며, 그가 모든 중생들을 위하여 일체 겁에 머무르게 하려고 원바라밀을 칭찬합니다.

그가 청정한 몸을 나타내어 일체 모든 부처님 국토를 모두 지나가게 하려고 역바라밀을 칭찬하며, 그가 청정한 몸을 나타내어 중생 마음을 따라 모두 환희하게 하려고 지바라밀을 칭찬합니다.

그가 구경의 깨끗하고 미묘한 몸을

얻게 하려고 일체 모든 착하지 않은 법을 영원히 떠남을 칭찬합니다. 이와 같이 베풀고는 각기 돌아가게 합니다.

선남자여, 나는 또 일체 모든 향을 화합하는 중요한 법을 잘 압니다.

이른바 같음이 없는 향과, 신두파라향과, 이김이 없는 향과, 깨닫는 향과, 아로나발저향과, 견고한 흑전단향과, 오락가전단향과, 침수향과, 모든 근이 흔들리지 않는 향이니, 이와 같은 등의 향을 적합하게 다스리고 화합하는 법을 모두 압니다.

또 선남자여, 나는 이 향을 가져서 공양올리고 모든 부처님을 널리 친견하고 소원이 다 만족하였습니다. 이른바 일체 중생을 구호하는 원과, 일체 부처님 세계를 깨끗이 장엄하는 원과, 일체 여래께 공양올리는 원입니다.

또 선남자여, 이 향을 사를 때에 낱낱 향에서 한량없는 향기가 나와 시방 일체 법계의 일체 모든 부처님의 대중모임 도량에 두루 이르러, 혹

은 향의 궁궐이 되고 혹은 향의 전각
이 됩니다.

이와 같이 향 난간과, 향 담장과,
향 망루와, 향 창호와, 향 누각과, 향
반달과, 향 일산과, 향 깃대와, 향 깃
발과, 향 휘장과, 향 그물과, 향 형상
과, 향 장엄거리와, 향 광명과, 향 구
름 비가 곳곳에 가득하여 장엄하였
습니다.

선남자여, 나는 오직 이 일체 중생
이 모든 부처님을 널리 보고 환희하

게 하는 법문만 압니다. 저 모든 보살마하살들은 큰 약왕과 같아서 보거나 듣거나 생각하거나 함께 머무르거나 행함을 따라가거나 명호를 일컬으면 다 이익을 얻어 헛되게 지내는 자가 없습니다.

만약 어떤 중생이 잠깐 만나게 되면 반드시 일체 번뇌를 소멸하고, 부처님 법에 들어가 모든 괴로움의 무더기를 여의며, 일체 생사의 두려움을 길이 쉬고, 두려울 것 없는 일체 지혜의 자리에 이르며, 일체 늙음과

죽음의 큰 산을 꺾어 무너뜨리고, 평등한 적멸의 즐거움에 편안히 머무르게 합니다. 그러나 내가 어떻게 그 공덕의 행을 능히 알고 능히 말하겠습니까?

선남자여, 여기서 남방에 한 큰 성이 있으니 이름이 다라당이고, 그곳에 왕이 있으니 이름이 무염족입니다. 그대는 그에게 가서 '보살이 어떻게 보살행을 배우며 보살도를 닦습니까?'라고 물으십시오."

그때에 선재 동자가 보안의 발에 절하며 한량없이 돌고 은근히 우러러보며 하직하고 떠났다.

그때에 선재 동자가 선지식의 가르침을 기억하고 사유하였다. '선지식이 능히 나를 거두어 주며, 능히 나를 수호하며, 내가 아뇩다라삼먁삼보리에서 물러남이 없게 한다.'라고 생각하였다.

이와 같이 사유하여 환희한 마음

과, 깨끗이 믿는 마음과, 광대한 마음과, 상쾌한 마음과, 뛰노는 마음과, 기뻐하는 마음과, 수승하게 미묘한 마음과, 적정한 마음과, 장엄한 마음과, 집착 없는 마음과, 걸림 없는 마음과, 평등한 마음과, 자재한 마음과, 법에 머무르는 마음과, 부처님 세계에 두루 가는 마음과, 부처님의 장엄을 보는 마음과, 십력을 버리지 않는 마음을 내고 점차 유행하였다.

국토의 촌읍과 마을을 지나서 다

라당성에 이르러, 무염족왕이 있는 곳을 물으니 모든 사람들이 대답해 말하였다.

"이 왕은 지금 정전에 있는 사자좌에 앉아서 법의 교화를 펼쳐 중생들을 조복하되 다스릴 자는 다스리고, 거두어 줄 자는 거두어 주며, 그 죄악을 처벌하고, 그 다툼과 송사를 판결하며, 그 외롭고 나약한 이는 어루만져서, 모두 살생과 절도와 삿된 음행을 길이 끊게 합니다.

또한 거짓말과 이간하는 말과 욕설

과 번드레한 말을 못하게 하며, 또 탐욕과 성냄과 삿된 소견을 멀리 여의게 합니다."

그때에 선재 동자가 여러 사람들의 말을 의지하여 곧 찾아갔다.

멀리서 보니 그 왕이 나라연 금강좌에 앉았는데 아승지 보배로 그 발을 만들고, 한량없는 보배 형상으로 장엄하고, 금실로 그물을 만들어 그 위를 두루 덮었다.

여의 마니로 보배 관을 만들어 그 머리를 장엄하며, 염부단금으로 반달을 만들어 그 이마를 장엄하며, 제청 마니로 귀걸이를 만들어 쌍으로 드리우며, 값을 매길 수 없는 마니로 영락을 만들어 그 목을 장엄하며, 하늘의 미묘한 마니로 팔찌를 만들어 그 팔을 장엄하였다.

염부단금으로 그 일산을 만들었는데, 온갖 보배를 사이사이 장식하여 바퀴살이 되며, 큰 유리 보배로 그 막대가 되며, 광미 마니로 그 꼭지가 되며, 여러 가지 보배로 된 풍경에서 항상 미묘한 소리를 내며, 큰 광명을

놓아 시방에 두루한, 이와 같은 보배
일산으로 그 위를 덮었다.

아나라왕은 큰 세력이 있어서 능히
다른 무리들을 굴복시켜 능히 더불
어 대적할 이가 없으며, 때가 없는 비
단으로 그 정수리에 매었다. 십천 대
신들이 앞뒤에 둘러 모시고 함께 왕
의 일을 처리하였다.

그 앞에 다시 십만의 용맹한 군사
들이 있었다. 형모가 추악하고 의복
이 누추하며 무기를 들고 팔을 걷어
올리고 눈을 부릅뜨고 있어서, 보는

중생들이 무서워하지 않음이 없었다.

한량없는 중생들이 왕의 교칙을 범하되 혹은 남의 물건을 훔치며, 혹은 남의 목숨을 해치며, 혹은 남의 아내를 침해하며, 혹은 삿된 소견을 내며, 혹은 성냄과 원한을 일으키며, 혹은 탐욕과 질투를 품었다.

이와 같은 등의 갖가지 나쁜 업을 지으면 몸이 다섯 군데 속박을 입어 왕의 처소에 끌려와서, 그 범한 바를 따라서 형벌로 다스려졌다.

혹은 손과 발을 끊고, 혹은 귀와 코를 베며, 혹은 그 눈을 도려내고, 혹은 그 머리를 베며, 혹은 그 가죽을 벗기고, 혹은 그 몸을 가르며, 혹은 끓는 물로 삶고, 혹은 불로 지지며, 혹은 높은 산에 끌고 올라가서 밀어 떨어지게 하였다.

이와 같은 등의 한량없는 고초가 있어서 부르짖고 통곡하는 것이, 비유하면 마치 중합대지옥 안과 같았다.

선재가 보고는 이와 같이 생각하였

다.

　'나는 일체 중생을 이익케 하기 위하여 보살행을 구하고 보살도를 닦는데, 지금 이 왕은 모든 선한 법을 없애고 큰 죄업을 지어서 중생을 핍박하고 괴롭히며 내지 목숨을 끊으면서도 일찍이 미래의 나쁜 길을 두려워하지 않으니, 어떻게 여기서 법을 구하며 대비심을 내어 중생을 구호하고자 하겠는가?'

　이 생각을 할 때에 공중에 있는 천신이 일러 말하였다.

"선남자여, 그대는 마땅히 보안 장자 선지식의 가르침을 기억해야 합니다."

선재가 우러러보면서 여쭈어 말하였다.

"나는 항상 기억하여 처음부터 감히 잊지 않았습니다."

천신이 말하였다.

"선남자여, 그대는 선지식의 말을 싫어해 여의지 마십시오. 선지식은 능히 그대를 인도하여 험난함이 없는 편안한 곳에 이르게 합니다.

선남자여, 보살의 교묘한 방편 지혜가 불가사의하며, 중생을 거두어 주는 지혜가 불가사의하며, 중생을 호념하는 지혜가 불가사의하며, 중생을 성숙시키는 지혜가 불가사의하며, 중생을 수호하는 지혜가 불가사의하며, 중생을 제도하여 해탈케 하는 지혜가 불가사의하며, 중생을 조복하는 지혜가 불가사의합니다."

그때에 선재 동자가 이 말을 듣고는 곧 왕의 처소에 나아가 그 발에 정례하고 여쭈었다.

"성자시여, 저는 이미 먼저 아뇩다라삼먁삼보리심을 내었습니다. 그러나 보살이 어떻게 보살행을 배우며 어떻게 보살도를 닦는지를 알지 못합니다. 제가 들으니 성자께서 잘 능히 가르쳐 주신다고 합니다. 원하오니, 저를 위하여 말씀해 주십시오."

그때에 아나라왕이 왕의 일을 처리하고는 선재의 손을 잡고 궁중으로 데리고 들어가서 명하여 함께 앉게 하고 일러 말하였다. "선남자여, 그대는 마땅히 내가 머무르는 궁전을 살펴보십시오."

선재가 말대로 곧 두루 살펴보았다. 그 궁전은 광대함이 비길 데 없고, 모두 미묘한 보배로 이루어졌다. 칠보로 담을 쌓아 두루 둘러 있고, 백천의 온갖 보배로 누각을 만들었는데 갖가지 장엄이 모두 다 미묘하고 아름다웠다.

부사의한 마니보배 그물로 그 위를 덮었으며, 십억 시녀들은 단정하고 아름답고 가고 오는 거동이 모두 다

볼 만하며, 무릇 하는 바는 교묘하지 않음이 없어서, 먼저 일어나고 뒤에 누우며 공순한 마음으로 뜻을 받들고 있었다.

그때에 아나라왕이 선재에게 일러 말하였다.

"선남자여, 어떻게 생각합니까? 내가 만약 이와 같은 악한 업을 실제로 지었다면, 어떻게 이와 같은 과보와 이와 같은 색신과 이와 같은 권속과 이와 같은 부귀와 이와 같은 자재함을 얻었겠습니까?

선남자여, 나는 보살의 환과 같은 해탈을 얻었습니다.

선남자여, 나의 이 국토에 있는 중생들이 살생과 절도와 내지 사견을 많이 행하여 다른 방편으로는 능히 그들로 하여금 나쁜 업을 버리어 여의게 할 수 없었습니다.

선남자여, 나는 저 중생들을 조복하기 위한 까닭으로, 악인을 변화로 만들어 모든 죄업을 짓고 갖가지 고통을 받아서, 그 일체 악을 짓는 중생들로 하여금 이 일을 보고서는 두려운 마음을 내고 싫어하여 떠나는 마음을 내고 겁약한 마음을 내어 그들이 짓던 일체 나쁜 업을 끊고 아뇩다라삼먁삼보리의 뜻을 내게 하려는 것입니다.

선남자여, 나는 이와 같은 교묘한 방편으로써 모든 중생들로 하여금 열 가지 악업을 버리고 열 가지 착한 도에 머물러 끝까지 쾌락하며 끝까지 편안하고 구경에 일체지의 지위에 머무르게 합니다.

선남자여, 나의 몸과 말과 뜻은 일

찍이 한 중생도 괴롭히거나 해치지
아니하였습니다.

선남자여, 내 마음과 같다면 차라
리 미래에 무간의 고통을 받을지언
정 마침내 한 생각의 뜻을 내어 모기
한 마리나 개미 한 마리도 괴롭히는
일을 짓지 않는데 하물며 사람이겠
습니까? 사람은 복밭이니 일체 모든
선한 법을 능히 내는 까닭입니다.

선남자여, 나는 오직 이 환과 같은
해탈만 얻었습니다. 저 모든 보살마

하살들은 무생인을 얻어서 모든 존재의 갈래가 모두 다 환과 같고, 보살의 모든 행이 모두 다 변화와 같고, 일체 세간이 모두 다 그림자와 같고, 일체 모든 법이 모두 다 꿈과 같음을 알아서 진실한 모습의 걸림 없는 법문에 들어갔습니다.

제석천의 그물 같은 일체 모든 행을 닦아 행하여 걸림 없는 지혜로 경계에 행하며, 일체 평등한 삼매에 널리 들어가서 다라니에 이미 자재함을 얻었습니다. 그러나 내가 어떻게 그 공덕의 행을 능히 알며 능히 말하겠습니까?

선남자여, 여기서 남방에 성이 있으니 이름은 묘광이고, 왕의 이름은 대광입니다. 그대는 그에게 가서 '보살이 어떻게 보살행을 배우며 보살도를 닦습니까?'라고 물으십시오."

그때에 선재 동자가 왕의 발에 정례하고 수없이 돌며 하직하고 떠났다.

그때에 선재 동자가 일심으로 그 왕이 얻은 바 환과 같은 지혜 법문을 바르게 생각하며, 그 왕의 환과 같은 해탈을 사유하며, 그 왕의 환과 같은 법의 성품을 관찰하며, 환과 같은 서원을 내며, 환과 같은 법을 깨끗이 하며, 널리 일체 환과 같은 삼세에 갖가지 환과 같은 변화를 일으켰다. 이와 같이 사유하면서 점차 유행하였다.

혹은 인간의 성읍과 마을에 이르며, 혹은 거친 벌판과 바위 골짜기와

험난한 데를 지나되 피로해하거나 게으름이 없어서 일찍이 쉬지 아니하였다. 그런 뒤에 묘광대성에 이르러 사람들에게 물었다.

"묘광대성이 어느 곳에 있습니까?"

사람들이 모두 대답해 말하기를 "묘광성은 지금 바로 이 성입니다. 이곳이 대광왕께서 계시는 곳입니다."라고 하였다.

그때 선재 동자가 환희하여 뛰며 이와 같은 생각을 하였다.

'나의 선지식이 이 성중에 계시니 나는 이제 반드시 마땅히 친히 받들어 친견하여 모든 보살들의 행하는 바 행을 들으며, 모든 보살들의 벗어나는 중요한 문을 들으며, 모든 보살들의 증득한 법을 들으며, 모든 보살들의 부사의한 공덕을 들을 것이다.

모든 보살들의 부사의한 자재함을 들으며, 모든 보살들의 부사의한 평등함을 들으며, 모든 보살들의 부사의한 용맹함을 들으며, 모든 보살들의 부사의한 경계가 광대하고 청정

함을 들을 것이다.'

이 생각을 하고는 묘광성에 들어가서 이 큰 성을 보았다. 금과 은과 유리와 파려와 진주와 자거와 마노의 칠보로 이루어진 것이었다. 칠보의 깊은 해자가 일곱 겹으로 둘리었는데 팔공덕수가 그 가운데 가득 찼고, 바닥에는 금모래가 깔리었다.

우발라 꽃과 파두마 꽃과 구물두 꽃과 분다리 꽃들이 그 위에 두루 펼쳐졌으며, 보배 다라 나무가 일곱 겹으로 줄지어 서 있고, 일곱 가지 금강으로 그 담이 되어 각각 둘러싸 있었다.

이른바 사자광명 금강 담과, 뛰어 넘어 이길 수 없는 금강 담과, 무너 뜨릴 수 없는 금강 담과, 깨뜨릴 수 없는 금강 담과, 견고하고 걸림 없는 금강 담과, 수승하고 미묘한 그물 창고 금강 담과, 티끌 없이 청정한 금강 담이다.

모두 수없는 마니 미묘한 보배로 사이사이 장엄하고, 갖가지 온갖 보배로 성 위의 낮은 담이 되었다. 그 성의 세로와 가로는 열 유순이고, 둘레는 여덟 방위에 면마다 여덟 문을 내었다. 모두 칠보로 두루 장식하고, 비유리 보배로 그 땅이 되고, 갖가지 장엄이 매우 사랑스러웠다.

그 성 안 십억의 네거리 낱낱 도로 사이에는 다 한량없는 만억 중생들이 있어 그 안에 살고 있었다.

수없는 염부단금 누각이 있어 비유리 마니 그물로 그 위를 덮고, 수없는 은 누각은 적진주 마니 그물로 그 위를 덮고, 수없는 비유리 누각은 묘

장 마니 그물로 그 위를 덮고, 수없
는 파려 누각은 무구장 마니왕 그물
로 그 위를 덮었다.

수없는 광명이 세간을 비추는 마니
보배 누각은 일장 마니왕 그물로 그
위를 덮고, 수없는 제청 마니보배 누
각은 묘광 마니왕 그물로 그 위를 덮
고, 수없는 중생바다 마니왕 누각은
불꽃 광명 마니왕 그물로 그 위를 덮
었다.

수없는 금강 보배 누각은 이길 수
없는 깃대 마니왕 그물로 그 위를 덮

고, 수없는 흑전단 누각은 하늘 만
다라꽃 그물로 그 위를 덮고, 수없는
무등향왕 누각은 갖가지 꽃 그물로
그 위를 덮었다.

그 성에는 또 수없는 마니 그물과,
수없는 보배 풍경 그물과, 수없는 하
늘 향 그물과, 수없는 하늘 꽃 그물
과, 수없는 보배 형상 그물과, 수없
는 보배 옷 휘장과, 수없는 보배 일
산 휘장과, 수없는 보배 누각 휘장
과, 수없는 보배 화만 휘장이 두루
덮은 바이며, 곳곳에 보배 일산과 깃

대와 깃발을 세웠다.

이 성 가운데 한 누각이 있으니 이름이 정법장이다. 아승지 보배로 장엄하고 광명의 찬란함이 가장 수승하여 비할 데 없어서 보는 중생들이 마음이 만족해 싫어함이 없는데, 그 대광왕이 항상 그 가운데 있었다.

그때에 선재 동자가 이 일체 진귀한 보배와 미묘한 물건과 내지 남녀와 육진의 경계에는 다 애착이 없고, 다만 구경의 법을 바르게 사유하며 일심으로 선지식을 즐겨 친견하기를 원하여 점차 유행하였다.

대광왕이 머무르는 누각에서 멀지 아니한 네거리 길 가운데 여의 마니보배 연화장의 광대하고 장엄한 사자좌에 앉아 있는 것을 보았다.

검푸른 유리 보배로 그 다리를 만들고, 황금비단으로 휘장이 되고, 온갖 보배로 그물이 되고, 가장 미묘한 하늘 옷으로 자리가 되었는데, 그 왕이 위에 결가부좌하였다.

28종 대인의 모습과 80가지 따라서 잘생긴 모습으로 몸을 장엄하였

으니, 진금산과 같아서 빛이 치성하
며, 맑은 허공의 해와 같아서 위광
이 찬란하며, 보름달과 같아서 보는
자가 청량하며, 범천왕이 범천 무리
에 있는 것 같았다.

또한 큰 바다와 같아서 공덕의 법
보가 끝이 없으며, 또한 설산과 같아
서 모양이 좋은 나무숲으로 장엄하
게 꾸미며, 또한 큰 구름과 같아서
능히 법의 우레를 진동하여 중생들
을 열어 깨우쳤다.

또한 허공과 같아서 갖가지 법문

의 별자리 모양을 나타내며, 수미산과 같아서 네 가지 빛이 중생 마음 바다에 널리 나타났다. 또한 보배 섬과 같아서 갖가지 지혜 보배가 그 가운데 가득하였다.

왕의 자리 앞에는 금과 은과 유리와 마니와 진주와 산호와 호박과 조개와 벽옥과 모든 진귀한 보배 무더기와 의복과 영락과 그리고 모든 음식들이 한량없고 가없어서 갖가지로 가득하였다.

다시 보니, 한량없는 백천만억 가

장 미묘한 보배 수레와, 백천만억 모든 하늘 기악과, 백천만억 하늘의 모든 미묘한 향과, 백천만억 병에 필요한 탕약과 살림살이의 도구인, 이와 같은 일체가 모두 다 진귀하고 훌륭하였다.

한량없는 젖소는 발굽과 뿔이 금색이며, 한량없는 천억의 단정한 여인들은 가장 미묘한 전단을 그 몸에 발랐다.

하늘 옷과 영락으로 갖가지 장엄을 하며, 64가지의 재능을 갖추어

단련하지 않음이 없고, 세상의 인정과 예법을 모두 다 잘 알아서 중생 마음을 따라 보시하여 주었다. 성읍과 마을의 네거리 길옆에 모두 일체 살림살이의 도구를 두고 낱낱 길가에 모두 이십억 보살들이 있어서 이 모든 물건으로 중생들에게 보시하였다.

중생들을 널리 거두어 주려 하기 위한 까닭이며, 중생들로 하여금 기쁘게 하기 위한 까닭이며, 중생들로 하여금 뛰놀게 하기 위한 까닭이었다.

중생들로 하여금 마음을 깨끗하게
하기 위한 까닭이며, 중생들로 하여
금 시원하게 하기 위한 까닭이며, 중
생들로 하여금 번뇌를 없애게 하기
위한 까닭이며, 중생들로 하여금 일
체 이치를 알게 하기 위한 까닭이었
다.

중생들이 일체지의 도에 들어가게
하기 위한 까닭이며, 중생들이 원수
와 적이라는 마음을 버리게 하기 위
한 까닭이며, 중생들이 몸과 말의
악함을 여의게 하기 위한 까닭이며,

중생들이 모든 삿된 소견을 뽑게 하기 위한 까닭이며, 중생들이 모든 업의 도를 깨끗하게 하기 위한 까닭이었다.

그때에 선재 동자가 오체를 땅에 엎드려 그 발에 정례하고 공경히 오른쪽으로 한량없이 돌며 합장하고 서서 여쭈었다.

"성자시여, 저는 이미 먼저 아뇩다라삼먁삼보리심을 내었습니다. 그러나 보살이 어떻게 보살행을 배우며 어떻게 보살도를 닦는지를 알지 못합니다. 제가 들으니 성자께서 잘 능히 가르쳐 주신다고 합니다. 원하오니, 저를 위하여 말씀해 주십시오."

그때에 왕이 일러 말하였다.

"선남자여, 나는 보살의 크게 자애로운 깃대의 행을 깨끗하게 닦으며, 나는 보살의 크게 자애로운 깃대의 행을 만족하였습니다.

선남자여, 나는 한량없는 백천만억 내지 말할 수 없이 말할 수 없는 부처님 처소에서 이 법을 묻고 사유하여 관찰하며 닦아 익혀서 장엄하였습니다.

선남자여, 나는 이 법으로 왕이 되고, 이 법으로 가르치고, 이 법으로 거두어 주며, 이 법으로 세간을 따르고, 이 법으로 중생들을 인도하였습니다.

이 법으로 중생들이 수행하게 하며, 이 법으로 중생들이 나아가 들어가게 하며, 이 법으로 중생들에게 방편을 주며, 이 법으로 중생들이 훈습하게 하며, 이 법으로 중생들이 행을 일으키게 하였습니다.

이 법으로 중생들이 모든 법의 자성에 편안히 머물러서 사유하게 하며, 이 법으로 중생들이 자애의 마음에 편안히 머물러서 자애로 근본을 삼아 자애의 힘을 구족하게 하였습니다.

이와 같이 이익 되게 하는 마음과, 안락한 마음과, 가엾게 여기는 마음과, 거두어 주는 마음과, 중생들을 수호하여 버리어 여의지 않는 마음과, 중생의 괴로움을 뽑아냄에 휴식함이 없는 마음에 머무르게 하였습니다.

나는 이 법으로 일체 중생이 끝까지 쾌락하여 항상 스스로 기쁘고 즐거우며, 몸에는 모든 괴로움이 없고, 마음은 청량하며, 생사의 애착을 끊고, 바른 법의 즐거움을 좋아하며, 번뇌의 더러움을 씻고, 나쁜 업의 장애를 깨뜨리며, 생사의 흐름을 끊고, 진실한 법의 바다에 들어가며, 모든 존재의 갈래를 끊고, 일체지를 구하며, 모든 마음바다를 깨끗이 하여 깨뜨릴 수 없는 믿음을 내게 하였습니다.

선남자여, 나는 이미 이 크게 자애로운 깃대의 행에 머물러서 능히 바른 법으로 세간을 교화하였습니다.

선남자여, 나의 국토 가운데 일체 중생은 다 나의 처소에서 두려워함이 없습니다.

선남자여, 만약 어떤 중생이 빈궁하고 궁핍하여 나의 처소에 이르러와서 구하고 찾음이 있으면, 나는 창고를 열어 그 취하는 것을 마음대로

하게 합니다.

그들에게 말하기를 '모든 악을 짓지 말며, 중생들을 해치지 말며, 모든 소견을 일으키지 말며, 집착을 내지 말라. 그대들이 빈곤하고 궁핍하여 만약 필요한 것이 있으면 마땅히 나의 처소와 네거리 길에 와서 일체 모든 물건이 갖가지 구족된 것을 뜻따라 취하되 의심을 내지 말라.'고 합니다.

선남자여, 이 묘광성에 사는 중생들은 다 보살들로서 대승의 뜻을 내

었으나, 마음의 하고자 하는 바를 따
라서 보는 것이 같지 않습니다.

혹은 이 성이 그 크기가 좁고 작다
고 보며, 혹은 이 성이 그 크기가 넓
고 크다고 봅니다. 혹은 흙과 모래로
그 땅이 되었다고 보며, 혹은 온갖
보배로 장엄되었다고 봅니다.

혹은 흙을 모아서 담장을 만든 것
으로 보며, 혹은 보배 담장이 두루
둘러싼 것으로 봅니다. 혹은 그 땅
이 기와와 돌이 많아서 높낮이가 평
탄하지 않다고 보며, 혹은 한량없는

큰 마니보배로 사이사이 장엄하여 평탄함이 손바닥 같다고 봅니다.

혹은 집들이 흙과 나무로 지어진 것이라고 보며, 혹은 전당과 모든 누각과 섬돌과 창호와 난간과 문들의 이와 같은 일체가 미묘한 보배 아님이 없다고 봅니다.

선남자여, 만약 어떤 중생이 그 마음이 청정하여 일찍이 선근을 심어서, 모든 부처님께 공양올리며, 발심하여 일체지의 길로 향하여 나아가서 일체지로 끝까지 이르는 곳을 삼으며, 그리고 내가 옛적에 보살행을 닦을 때 일찍이 거두어 준 바이면, 곧 이 성이 온갖 보배로 깨끗이 장엄된 것으로 보지만 다른 이들은 다 더러운 것으로 봅니다.

선남자여, 이 국토 가운데 일체 중생이 오탁 세상의 시기에 모든 악을 짓기를 좋아하였으니, 내가 마음으로 가엾이 여겨 구호하고자 보살의 대자가 으뜸이 되어 세간을 수순하는 삼매의 문에 들어갔습니다.

이 삼매에 드는 때에 저 모든 중생

들에게 있는 바 두려워하는 마음과, 괴롭히고 해치려는 마음과, 원수와 적이라는 마음과, 논쟁하려는 마음인, 이와 같은 모든 마음이 다 저절로 소멸됩니다.

왜냐하면 보살의 대자가 으뜸이 되어 세간을 수순하는 삼매에 들어가면, 법이 으레 그러하기 때문입니다.

선남자여, 또 잠깐만 기다리십시오. 스스로 마땅히 분명히 보게 될 것입니다."

이때에 대광왕이 곧 이 선정에 드

니, 그 성의 안팎이 여섯 가지로 진동하였다. 모든 보배 땅과 보배 담과 보배 강당과 보배 궁전과 누대와 누각과 섬돌과 창호의, 이와 같은 일체가 다 묘한 음성을 내고 모두 왕을 향하여 몸을 굽혀 경례하였다.

묘광성 내에 살고 있는 사람들이 동시에 환희하여 뛰놀지 않음이 없어서 모두 왕의 처소를 향하여 온몸을 땅에 엎드렸다. 마을이나 성읍의 일체 사람들이 다 와서 왕을 보고 환희하며 공경히 예배하였다.

왕의 처소에 가까이 머무르던 새와 집승 무리들이 서로 쳐다보고 자비심을 일으키고 다 왕의 앞을 향하여 공경히 예배하였다.

일체 산과 들과 그리고 모든 풀과 나무들이 돌아서 왕을 향하여 공경히 예를 올리지 않음이 없고, 못과 연못과 샘과 우물과 그리고 강과 바다가 모두 다 솟아 넘쳐 왕의 앞으로 흘렀다.

십천의 용왕은 큰 향기 구름을 일으켜서 번개를 치고 우레를 울리면서 보슬비를 내렸다.

십천의 천왕이 있으니, 이른바 도리천왕과 야마천왕과 도솔타천왕과 선변화천왕과 타화자재천왕인 이와 같은 등이 상수가 되어 허공 중에서 온갖 기악을 연주하였다.

수없는 천녀들은 노래하여 찬탄하며 수없는 꽃 구름과, 수없는 향 구름과, 수없는 보배 화만 구름과, 수없는 보배 옷 구름과, 수없는 보배 일산 구름과, 수없는 보배 깃대 구름과, 수없는 보배 깃발 구름을 비내리며 허공 중에 장엄하여 그 왕에게 공양하였다.

이라바나 큰 코끼리왕은 자재한 힘으로 허공 중에서 수없는 큰 보배 연꽃을 펴 놓으며, 수없는 보배 영락과 수없는 보배 비단 띠와 수없는 보배 화만과 수없는 보배 장엄거리와 수없는 보배 꽃과 수없는 보배 향을 드리워, 갖가지 기묘함으로 장엄하게 꾸미고 수없는 채녀들은 갖가지로 노래하여 찬탄하였다.

염부제 안에 또 한량없는 백천만억

모든 나찰왕과 모든 야차왕과 구반다왕과 비사사왕이 있으니, 혹은 큰바다에 머무르고 혹은 육지에 살면서 피를 마시고 살을 먹어 중생을 해치다가 모두 자애의 마음을 일으켜 이익을 행하기를 서원하였다. 뒷세상을 분명히 알아 모든 악을 짓지 아니하며, 공경히 합장하여 왕에게 정례하였다.

염부제와 같이 다른 세 천하와 내지 삼천대천세계와 내지 시방의 백천만억 나유타 세계에 있는 일체 악독

한 중생들도 모두 또한 이와 같았다.

이때에 대광왕이 삼매에서 일어나 선재에게 일러 말하였다.

"선남자여, 나는 오직 이 보살의 대자가 으뜸이 되어 세간을 수순하는 삼매문만 압니다.

저 모든 보살마하살들은 높은 일산이 되니 자애로운 마음으로 모든 중생들을 널리 덮어 가리는 까닭이며, 닦아 행함이 되니 하품과 중품과 상품의 행을 모두 평등하게 행하는 까닭입니다.

대지가 되니 능히 자애로운 마음으로 일체 모든 중생들을 맡아 지니는 까닭이며, 보름달이 되니 복덕의 광명을 세간에 평등하게 나타내는 까닭이며, 깨끗한 해가 되니 지혜 광명으로 일체 아는 바 경계를 밝게 비추는 까닭이며, 밝은 등불이 되니 일체 중생의 마음속 모든 어두움을 능히 깨뜨리는 까닭입니다.

물을 맑히는 구슬이 되니 일체 중생의 마음 가운데 속이고 아첨하는

탁함을 능히 맑히는 까닭이며, 여의
보배가 되니 모두 일체 중생의 마음
에 원하는 바를 능히 만족하게 하는
까닭이며, 큰 바람이 되니 속히 중생
들로 하여금 삼매를 닦아 익혀서 일
체지의 큰 성 가운데 들어가게 하는
까닭입니다.

그러나 내가 어떻게 그 행을 능히
알고 그 덕을 능히 말하며, 그 복덕
의 큰 산을 능히 측량하며, 그 공덕
의 온갖 별을 능히 우러러보며, 그
큰 서원의 바람 둘레를 능히 관찰하

겠습니까?

그 매우 깊은 법문에 능히 들어가며, 그 장엄한 큰 바다를 능히 나타내 보이며, 그 보현의 행하는 문을 능히 밝히며, 그 모든 삼매의 굴을 능히 열어 보이며, 그 큰 자비의 구름을 능히 찬탄하겠습니까?

선남자여, 여기서 남방에 한 왕도가 있으니 이름이 '안주'이고, 우바이가 있으니 이름이 '부동'입니다. 그대는 그에게 가서 '보살이 어떻게 보살행을 배우며 보살도를 닦습니까?'라고 물으십시오."

그때에 선재 동자가 왕의 발에 정례하며 수없이 돌고 은근히 우러러 보며 하직하고 떠났다.

그때에 선재 동자가 묘광성에서 나와 길을 걸어가면서 바른 생각으로 대광왕의 가르침을 사유하며, 보살의 대자 깃대의 행하는 문을 기억하며, 보살의 세간을 수순하는 삼매의 광명문을 사유하였다.

그 부사의한 서원과 복덕의 자재한 힘을 늘리며, 그 부사의한 중생을 성숙시키는 지혜를 견고히 하며, 그 부사의한 함께 수용하지 않는 큰 위덕을 관찰하며, 그 부사의한 차별한 모양을 기억하며, 그 부사의한 청정한 권속을 사유하며, 그 부사의한 지은 바 업을 사유하였다.

환희하는 마음을 내며, 깨끗한 신심을 내며, 맹렬하게 예리한 마음을 내며, 기뻐하는 마음을 내며, 뛰노는 마음을 내며, 경사스럽고 다행한 마음을 내며, 탁함이 없는 마음을 내며, 청정한 마음을 내며, 견고한 마음을 내며, 광대한 마음을 내며, 다함없는 마음을 내었다.

이와 같이 사유하고 슬피 울고 눈물 흘리면서 '선지식은 진실로 희유하니 일체 모든 공덕의 처소를 내며, 일체 모든 보살의 행을 내며, 일체 보살의 깨끗한 생각을 내며, 일체 다라니 바퀴를 낸다.

일체 삼매의 광명을 내며, 일체 모

든 부처님의 지견을 내며, 일체 모든 부처님의 법비를 널리 내리며, 일체 보살의 서원의 문을 나타내 보이며, 생각하기 어려운 지혜 광명을 내며, 일체 보살의 뿌리와 싹을 늘린다.'라고 생각하였다.

또 이 생각을 하였다. '선지식이란 능히 일체 악도를 널리 구호하며, 능히 모든 평등한 법을 널리 연설하며, 능히 모든 평탄하고 험난한 길을 널리 나타내 보이며, 능히 대승의 오묘한 이치를 널리 열며, 능히 보현의 모든 행을 넓리 원하여 일으킨다.

능히 일체지의 성에 넓리 인도하여 이르게 하며, 능히 법계의 큰 바다에 넓리 들어가게 하며, 능히 삼세의 법바다를 넓리 보게 하며, 능히 여러 성인의 도량을 넓리 주며, 능히 일체 깨끗한 법을 넓리 늘린다.'

선재 동자가 이와 같이 슬퍼하고 생각할 때에 그 항상 따라다니며 보살을 깨우쳐 주는 여래의 시자인 천신이 허공 중에서 일러 말하였다.

"선남자여, 선지식의 가르침을 수

행하면 모든 부처님 세존께서 모두 다 환희하시며, 선지식의 말을 수순하면 곧 일체지의 지위에 가까워짐을 얻으며, 능히 선지식의 말에 의혹이 없으면 곧 일체 착한 벗을 항상 만나며, 발심하여 항상 선지식을 떠나지 않기를 원하면 곧 일체 의리를 구족하게 될 것입니다.

선남자여, 그대가 안주 왕도에 가면 곧 마땅히 부동 우바이 큰 선지식을 만나게 될 것입니다."

그때에 선재 동자가 그 삼매의 지

혜 광명에서 일어나 점차 유행하여 안주성에 이르러서 "부동 우바이가 지금 어느 곳에 있습니까?"라고 하며 두루 찾으니, 한량없는 사람들이 다 같이 일러 말하였다. "선남자여, 부동 우바이는 몸이 동녀로서 집 안에 있습니다. 부모가 수호하여 자신의 친척과 권속인 한량없는 사람들에게 미묘한 법을 연설해 주고 있습니다."

선재 동자가 이 말을 듣고는 그 마음이 기쁜 것이 부모를 본 듯하여 곧 부동 우바이의 집으로 나아갔다.

그 집 안에 들어가서 그 당우를 보니 금빛 광명이 널리 다 비치는데 이 광명을 받는 자는 몸과 뜻이 청량해졌다. 선재 동자는 광명이 몸에 닿자마자 곧 오백 가지 삼매문을 얻었다.

이른바 일체 희유한 모양을 아는 삼매문과, 적정에 들어가는 삼매문과, 일체 세간을 멀리 여의는 삼매문과, 넓은 눈으로 버리는 삼매문과, 여래장의 삼매문이다. 이와 같은 등 오백 가지 삼매문을 얻었다.

이 삼매문으로 몸과 마음이 유연하기가 7일 된 태아와 같았다. 또 묘한 향기를 맡으니 모든 천신과 용과 건달바 등 사람과 사람 아닌 이에게 능히 있는 것이 아니었다.

선재 동자가 그 처소에 앞으로 나아가 공경히 합장하고 한 마음으로 살펴보았다. 그 형색을 보니 단정하고 특수하게 미묘하여 시방세계의 일체 여인이 미칠 수 없는데, 하물며 그보다 더 나을 자이겠는가? 오직 여래와 일체 관정위의 보살은 제외

y

한다. 입에서 나오는 미묘한 향과 궁전의 장엄과 아울러 그 권속들도 모두 더불어 같을 이가 없는데 하물며 다시 더 나을 자이겠는가?

시방세계의 일체 중생이 이 우바이 처소에서 물들어 집착하는 마음을 일으킴이 없고, 만약 잠깐이라도 보면 있는 바 번뇌가 모두 저절로 소멸되었다.

비유하면 마치 백만의 대범천왕이 결정코 욕계의 번뇌를 내지 않듯이, 이 우바이를 보는 자도 있는 바 번뇌가 응당 또한 그러함을 알아야 한다. 시방 중생들이 이 여인을 보면 다 만족해 싫어함이 없으니, 오직 큰 지혜를 구족한 자는 제외한다.

그때에 선재 동자가 몸을 굽혀 합장하고 바른 생각으로 관찰하였다. 이 여인을 보니 그 몸이 자재한 것이 불가사의하며, 색상과 용모는 세상에서 더불어 같을 이가 없으며, 광명이 환하게 비추어 물상이 막을 수 없으며, 널리 중생들을 위하여 이익을 지었다.

그 몸의 모공에서는 항상 미묘한 향기가 나오며, 권속이 가없고 궁전이 제일이며, 공덕이 깊고 넓어서 끝을 알지 못하여 마음이 환희하여 게송으로 찬탄해 말하였다.

청정한 계를 수호하고
광대한 인욕을 닦아 행하며
정진하여 물러나지 않으니
광명이 세간을 밝게 비추도다.

그때에 선재 동자가 이 게송을 설하여 마치고 여쭈었다.

"성자시여, 저는 이미 먼저 아뇩다라삼먁삼보리심을 내었습니다. 그러나 보살이 어떻게 보살행을 배우며 어떻게 보살도를 닦는지를 알지 못합니다. 제가 들으니 성자께서 잘 능히 가르쳐 주신다고 합니다. 원하오니, 저를 위하여 말씀해 주십시오."

그때에 부동 우바이가 보살의 부드러운 말과 뜻에 맞는 말로 선재를 위로하여 일러 말하였다.

"훌륭하고, 훌륭합니다. 선남자여, 그대는 이미 능히 아뇩다라삼먁삼보리심을 내었습니다.

선남자여, 나는 보살의 꺾기 어려운 지혜장 해탈문을 얻고, 나는 보살의 견고하게 받아 지니는 수행문을 얻고, 나는 보살의 일체 법에 평등한 지위의 총지문을 얻고, 나는 보살의 일체 법을 밝게 비추는 변재문을 얻고, 나는 보살의 일체 법을 구함에 피로해하거나 싫어함이 없는 삼매문을 얻었습니다."

선재 동자가 말하였다.

"성자시여, 보살의 꺾기 어려운 지혜장 해탈문과 내지 일체 법을 구함에 피로해하거나 싫어함이 없는 삼매문은 경계가 어떠합니까?"

동녀가 말하였다.

"선남자여, 이 도리는 알기 어렵습니다."

선재가 여쭈었다.

"오직 원하오니, 성자께서는 부처님의 위신력을 받들어 저를 위하여 말씀해 주십시오. 저는 마땅히 선지식을 인하여 능히 믿고 능히 받으며 능히 알고 능히 요달하여 들어가 관찰하며 닦아 익히고 수순하여, 모든 분별을 떠나서 구경에 평등하겠습니다."

우바이가 말하였다.

"선남자여, 과거세에 겁이 있었으니 이름이 '이구'이고, 부처님의 명호는 '수비'이시며, 그때에 국왕이 있었으니 이름이 '전수'이고, 오직 한 명의 딸이 있었으니 곧 나의 몸입니다.

내가 밤중에 음악을 그칠 때에 부모와 형제는 모두 이미 잠들었고, 오백 동녀들도 또한 다 자고 있었습니다. 나는 누각 위에서 별들을 우러러보다가 허공 중에서 그 여래를 친견하였는데, 마치 보배산왕과 같이 한량없고 가없는 천룡팔부와 모든 보살 대중들이 함께 둘러 모시고 있었습니다.

부처님 몸이 널리 큰 광명 그물을 놓아 시방에 두루하여 장애하는 바가 없었습니다. 부처님 몸의 모공에서 다 미묘한 향기가 나오는데 나는 이 향기를 맡고 몸이 유연하며 마음이 환희하였습니다.

곧 누각에서 내려와 지상에 이르러서 열 손가락을 모아 부처님께 정례하였습니다. 또 그 부처님을 살펴보았으나 정수리 모습을 볼 수 없었으며, 몸의 좌우를 살펴보았으나 끝을 알 수 없었고, 그 부처님의 모든 모습과 잘생긴 모양을 사유하였으나 만족해 싫어함이 없었습니다.

가만히 스스로 생각하기를 '이 부처님 세존께서는 무슨 업을 지으셨기에, 이와 같이 가장 묘한 몸을 얻어서 상호가 원만하고, 광명이 구족하며, 권속을 성취하시고, 궁전은 아름답게 장엄되었으며, 복덕과 지혜가 모두 다 청정하고, 총지와 삼매가 불가사의하며, 신통이 자재하고, 변재가 걸림이 없으신가?'라고 하였습니다.

선남자여, 그때에 여래께서 내 마음의 생각을 아시고 곧 저에게 말씀하셨습니다.

'그대는 응당 깨뜨릴 수 없는 마음을 내어 모든 번뇌를 없애야 하며, 응당 이길 수 없는 마음을 내어 모든 집착을 깨뜨려야 하며, 응당 겁내어 물러남이 없는 마음을 내어 깊은 법문에 들어가야 한다.

응당 능히 견디고 참는 마음을 내어 악한 중생을 구호해야 하며, 응당 미혹이 없는 마음을 내어 널리 일체 모든 갈래에 태어나야 하며, 응당 만족해 싫어함이 없는 마음을 내어 모든 부처님 친견하기를 구하되 휴식함이 없어야 한다.

응당 지족함이 없는 마음을 내어 일체 여래의 법비를 모두 받아야 하며, 응당 바르게 사유하는 마음을 내어 널리 일체 부처님 법의 광명을 내어야 한다.

응당 크게 머물러 지니는 마음을 내어 일체 모든 부처님의 법륜을 널리 굴려야 하며, 응당 널리 유통하려는 마음을 내어 중생의 욕망을 따라 그 법보를 베풀어야 한다.'

선남자여, 나는 그 부처님 처소에서 이와 같은 법을 듣고 일체지를 구하며, 부처님의 십력을 구하며, 부처님의 변재를 구하며, 부처님의 광명을 구하며, 부처님의 색신을 구하였습니다.

부처님의 상호를 구하며, 부처님의 대중모임을 구하며, 부처님의 국토를 구하며, 부처님의 위의를 구하며, 부처님의 수명을 구하였습니다.

이 마음을 내고 나니 그 마음의 견고함이 마치 금강과 같아서 일체 번뇌와 이승이 모두 깨뜨릴 수 없었습니다.

선남자여, 내가 이 마음을 낸 이래로 염부제의 미진수 겁을 지내도록 오히려 탐욕을 생각하는 마음도 내지 않았는데, 하물며 그 일을 행하겠습니까?

그러한 겁 동안 자신의 친척과 권속에게도 성내는 마음을 일으키지 않았는데, 하물며 다른 중생이겠습니까?

그러한 겁 동안 자신에게도 '나'라

는 견해를 내지 않았는데, 하물며 온갖 도구에 '나의 것'이라고 헤아리겠습니까?

그러한 겁 동안 죽을 때와 태어날 때 그리고 태장에 머무르면서도 일찍이 미혹하여 중생이라는 생각과 무기의 마음을 일으키지 않았는데, 하물며 다른 때이겠습니까?

그러한 겁 동안 내지 꿈속에서 한 부처님을 따라 친견함도 일찍이 잊지 않았는데, 어찌 하물며 보살의 열 가지 눈으로 본 것이겠습니까?

그러한 겁 동안 일체 여래의 바른 법을 받아 지니어 일찍이 한 글자 한 구절도 잊지 않고 내지 세속의 있는 바 말도 오히려 잊지 않았는데, 어찌 하물며 여래의 입으로 말씀하신 것이겠습니까?

그러한 겁 동안 일체 여래의 법바다를 받아 지니어 한 글자 한 구절도 사유하지 않음이 없고 관찰하지 않음이 없으며 내지 일체 세속의 법도 또한 다시 이와 같았습니다.

그러한 겁 동안 이와 같은 일체 법

바다를 받아 지니고 일찍이 한 법 가
운데서도 삼매를 얻지 못함이 없으
며 내지 세간 기술의 법도 낱낱 법
가운데 모두 또한 이와 같았습니다.

그러한 겁 동안 일체 여래의 법륜
을 머물러 지녔으며, 머물러 지닌 바
를 따라 일찍이 한 글자 한 구절도
폐하여 버리지 않았으며, 내지 일찍
이 세상 지혜를 내지 않았으며, 오직
중생을 조복하기 위한 것은 제외하였
습니다.

그러한 겁 동안 모든 부처님바다를

친견하고 일찍이 한 부처님 처소에서 청정한 큰 서원을 성취하지 못함이 없으며 내지 모든 화신 부처님 처소에서도 모두 또한 이와 같았습니다.

그러한 겁 동안 모든 보살들이 미묘한 행을 닦아 행함을 보고, 한 행도 내가 성취하지 못함이 없었습니다.

그러한 겁 동안 본 바 중생들을 한 중생도 내가 아뇩다라삼먁삼보리심을 내도록 권하지 않음이 없으며, 일찍이 한 중생에게도 성문이나 벽지불의 뜻을 내도록 권함이 없었습니다.

그러한 겁 동안 일체 부처님의 법에 내지 한 글자 한 구절에도 의혹을 내지 않고, 두 가지 생각을 내지 않고, 분별하는 생각을 내지 않고, 갖가지 생각을 내지 않고, 집착하는 생각을 내지 않고, 수승하고 하열한 생각을 내지 않고, 사랑하고 미워하는 생각을 내지 않았습니다.

선남자여, 나는 이로부터 항상 모든 부처님을 친견하고, 항상 보살을 보고, 항상 진실한 선지식을 보고,

항상 모든 부처님의 서원을 들으며, 항상 보살의 행을 들으며, 항상 보살의 바라밀의 문을 들으며, 항상 보살 지위의 지혜 광명문을 들었습니다.

항상 보살의 무진장문을 들으며, 항상 가없는 세계의 그물에 들어가는 문을 들으며, 항상 가없는 중생계를 내는 원인의 문을 들어서, 항상 청정한 지혜의 광명으로 일체 중생의 번뇌를 멸하여 없앴습니다.

항상 지혜로 일체 중생의 선근을 생장하게 하며, 항상 일체 중생의 즐

겨하는 바를 따라 그 몸을 나타내 보이며, 항상 청정하고 가장 미묘한 말로 법계의 일체 중생을 깨우쳤습니다.

선남자여, 나는 보살의 일체 법을 구하되 만족해 싫어함이 없는 장엄문을 얻었고, 나는 일체 법이 평등한 지위의 총지문을 얻어서, 부사의하게 자재한 신통 변화를 나타내었습니다. 그대는 보고자 합니까?

선재가 말하였다.

"예, 저는 마음에 보기를 원합니

다.”

그때에 부동 우바이는 용이 새겨진 사자좌에 앉아서 일체 법을 구하되 만족해 싫어함이 없는 장엄 삼매문과, 공하지 않은 바퀴 장엄 삼매문과, 십력의 지혜 바퀴가 앞에 나타나는 삼매문과, 부처님의 종성이 다함 없는 창고 삼매문에 들어갔다. 이와 같은 등 일만 삼매문에 들어갔다.

이 삼매문에 들어갔을 때에 시방으로 각각 말할 수 없는 부처님 세계 미진수의 세계가 있어 여섯 가지로 진동하였는데, 모두 다 청정한 유리로 이루어진 것이었다.

낱낱 세계 중에 백억 사천하 백억 여래께서 계셨다. 혹은 도솔천에 머무르고 내지 열반에 드시며, 낱낱 여래께서 광명 그물을 놓으시어 법계에 두루하였다. 도량에 모인 대중들이 청정하게 둘러쌌으며, 미묘한 법륜을 굴리어 중생들을 깨우치셨다.

그때에 부동 우바이가 삼매에서 일어나 선재에게 일러 말하였다. "선남자여, 그대는 이것을 보았습니까?"

선재가 말하였다. "예, 저는 모두 이미 보았습니다."

우바이가 말하였다.

"선남자여, 나는 오직 이 일체 법을 구하되 만족해 싫어함이 없는 삼매의 광명을 얻어서, 일체 중생을 위하여 미묘한 법을 설하여 다 기쁘게 합니다.

저 모든 보살마하살들은 금시조처럼 허공을 다님에 장애하는 바가 없어 일체 중생의 큰 바다에 능히 들어가서 선근이 이미 성숙한 자가 있음을 보고는 곧바로 붙들어 보리의 언덕에 둡니다.

또 상인들처럼 큰 보배 섬에 들어가서 여래의 십력과 지혜의 보배를 캐서 구하며, 또 어부처럼 바른 법의 그물을 가지고 생사의 바다에 들어가 애욕의 물속에서 모든 중생들을 건져 내되 마치 아수라왕이 능히 삼유의 큰 성과 모든 번뇌의 바다를 두루 흔드는 듯합니다.

또 해가 허공에 출현하듯이 애욕의

진흙물에 비추어 마르게 하며, 또 보름달이 허공에 출현하듯이 교화 받을 자로 하여금 마음 꽃을 피우게 하며, 또 대지가 널리 다 평등하듯이 한량없는 중생들이 그 가운데 머물러서 일체 선한 법의 뿌리와 싹을 더욱 자라게 합니다.

또 큰 바람이 향하는 곳에 걸림이 없듯이 일체 모든 소견의 큰 나무를 능히 뽑으며, 또 전륜왕처럼 세간에 다니면서 네 가지 거두어 주는 일로 모든 중생들을 거두어 줍니다. 그러나 내가 어떻게 그 공덕의 행을 능히 알며 능히 말하겠습니까?

선남자여, 여기서 남방에 한 큰 성이 있으니 이름이 '무량도살라'이고, 그 가운데 한 출가한 외도가 있으니 이름이 '변행'입니다. 그대는 그에게 가서 '보살이 어떻게 보살행을 배우며 보살도를 닦습니까?'라고 물으십시오."

그때에 선재 동자가 그 발에 정례하며 한량없이 돌고 은근히 우러러

보며 하직하고 떠났다.

〈대방광불화엄경 제66권〉

아차보현수승행
무변승복개회향
보원침익제중생
속왕무량광불찰

시방삼세일체불
제존보살마하살
마하반야바라밀

我此普賢殊勝行

無邊勝福皆迴向

普願沈溺諸衆生

速往無量光佛剎

十方三世一切佛

諸尊菩薩摩訶薩

摩訶般若波羅蜜

大方廣佛華嚴經
부록

·

대방광불화엄경 목차

·

간행사

대방광불화엄경
목차

간 행 사

　귀의삼보 하옵고,

　『대방광불화엄경』의 수지 독송과 유통을 발원하면서 수미정사 불전연구원에서 『독송본 한문·한글역 대방광불화엄경』과 『사경본 한글역 대방광불화엄경』을 편찬하여 간행하게 되었습니다.

　『화엄경』은 우리나라에 전래된 이래 일찍부터 사경되고 주석·강설되어 왔으며 근현대에 이르러서는 『화엄경』의 한글 번역과 연구도 부쩍 많이 이루어졌습니다. 그만큼 『화엄경』이 우리 불자님들의 신행과 해탈에 큰 의지처가 되었던 것임을 알 수 있습니다.

　『화엄경』을 독송하고 사경하는 공덕은 설법 공덕과 함께 크게 강조되어 왔습니다. 그리하여 수미정사 불전연구원에서도 『화엄경』(80권)을 독송하고 사경하는 데 도움이 되도록 한문 원문과 한글역을 함께 수록한 독송본과 한글역의 사경본 『화엄경』 간행불사를 발원하였습니다. 이 『화엄경』 간행불사에 뜻을 같이하여 적극 후원해주신 스님들과 재가 불자님들께 깊이 감사드립니다. 또한 『화엄경』을 수지 독송할 수 있도록 경책의 모습으로 장엄해 주신 편집위원들과 담앤북스 출판사 관계자들께도 고마움을 표합니다.

　끝으로 이 불사의 원만 회향으로 『화엄경』이 널리 유통되고, 온 법계에 부처님의 가피가 충만하시길 기원드립니다.

　나무 대방광불화엄경

불기 2564년 '부처님오신날'을 봉축하며
수미해주 합장

위태천신(동진보살)

수미해주 須彌海住

호거산 운문사에서 성관 스님을 은사로 출가, 석암 대화상을 계사로 사미니계 수계, 월하 전계사를 계사로 비구니계 수계, 계룡산 동학사 전문강원 졸업, 동국대학교 불교대학 및 동 대학원 졸업, 철학박사, 가산지관 대종사에게서 전강, 동국대학교 불교대학 교수, 동학승가대학 학장 및 화엄학림 학림장, 중앙승가대학교 법인이사 역임.

(현) 수미정사 주지, 동국대학교 명예교수.

저·역서로 『의상화엄사상사연구』, 『화엄의 세계』, 『정선 원효』, 『정선 화엄1』, 『정선 지눌』, 『법계도기총수록』, 『해주스님의 법성게 강설』 등 다수.

사경본 한글역

대방광불화엄경 제66권

| 초판 1쇄 발행_ 2026년 4월 10일

| 엮 은 이_ 수미해주
| 엮 은 곳_ 수미정사 불전연구원
| 편집위원_ 해주 수정 경진 선초 정천 석도 박보람 최원섭
| 편 집 보_ 무이 무진 지욱 혜명

| 펴 낸 이_ 오세룡
| 펴 낸 곳_ 담앤북스
　　　　　　서울특별시 종로구 새문안로3길 23 경희궁의 아침 4단지 805호
　　　　　　대표전화 02)765-1251 전자우편 dhamenbooks@naver.com
　　　　　　출판등록 제300-2011-115호
| ISBN_ 979-11-6201-574-2 04220